# LEFTISM

# LEFTISM

# LEFTISM

# LEFTISM

LEFTISM

# LEFTISM

# LEFTISM

# LEFTISM

# LEFTISM

# LEFTISM

# LEFTISM

# LEFTISM

# LEFTISM

# LEFTISM

LEFTISM

# LEFTISM

LEFTISM

LEFTISM

# LEFTISM

# LEFTISM

# LEFTISM

# LEFTISM

# LEFTISM

# LEFTISM

LEFTISM

LEFTISM

# LEFTISM

LEFTISM

# LEFTISM

LEFTISM

# LEFTISM

# LEFTISM

LEFTISM

# LEFTISM

LEFTISM

LEFTISM

# LEFTISM

# LEFTISM

LEFTISM

# LEFTISM

LEFTISM

# LEFTISM

# LEFTISM

LEFTISM

# LEFTISM

# LEFTISM

# LEFTISM

LEFTISM

# LEFTISM

# LEFTISM

# LEFTISM

# LEFTISM

# LEFTISM

# LEFTISM

LEFTISM

# LEFTISM

LEFTISM

LEFTISM

# LEFTISM

LEFTISM

# LEFTISM

# LEFTISM

LEFTISM

LEFTISM

LEFTISM

LEFTISM

# LEFTISM

# LEFTISM

# LEFTISM

LEFTISM

LEFTISM

# LEFTISM

LEFTISM

# LEFTISM

LEFTISM

LEFTISM

LEFTISM

# LEFTISM

# LEFTISM

LEFTISM

LEFTISM

LEFTISM

# LEFTISM

# LEFTISM

LEFTISM

LEFTISM

# LEFTISM

LEFTISM

# LEFTISM

LEFTISM

LEFTISM

# LEFTISM

# LEFTISM

LEFTISM

LEFTISM

LEFTISM

# LEFTISM

LEFTISM

LEFTISM

# LEFTISM